Inhalt

1	Potsdam
2	Brandenburg
3	Frankfurt (Oder)
4	Cottbus

① Prignitz
② Ostprignitz-Ruppin
③ Oberhavel
④ Uckermark
⑤ Barnim
⑥ Havelland
⑦ Märkisch-Oderland

⑧ Potsdam-Mittelmark
⑨ Teltow-Fläming
⑩ Dahme-Spreewald
⑪ Oder-Spree
⑫ Elbe-Elster
⑬ Oberspreewald-Lausitz
⑭ Spree-Neiße

Sich streiten und vertragen

1 Worüber hast du dich in letzter Zeit gestritten?
- Schreibe das Wichtigste in die Sprechblase.
- Erzähle in der Gruppe deine Streitgeschichte.

2 Wählt eine der Streitgeschichten aus.
- Beratet verschiedene Streitlösungen und tragt sie ein.
- Spielt die Lösungen nach und sprecht anschließend darüber: Welche Lösung half am besten, den Streit zu beenden?

Lösung A

Lösung B

Lösung C

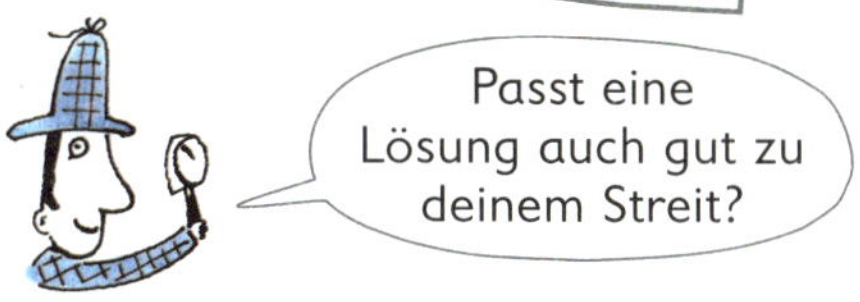

Den letzten eigenen Streit reflektieren und in der Gruppe wiedergeben; für einen Streit verschiedene Lösungsansätze überlegen, diese nachspielen und bewerten

Aufgaben des Klassenrats

1 Beratet, welche Aufgaben ein Klassenrat und der Klassensprecher haben.

Was ich mir wünsche:	Beratungspunkte:	Gesprächsleitung:
Alle Aufgaben des Klassenrats bestimmen	1. Aufgaben des Klassenrats 2. Aufgaben des Klassensprechers	____________ Beratungszeit: ____________

2 Schreibe ein Protokoll über die Beratung.

Protokoll der Sitzung	Datum:

Thema: ______________________________

Beratungsergebnis:

1. ______________________________

____

____

____

2. ______________________________

____

____

____

Im Klassenrat könnt ihr über euer Klassenleben demokratisch abstimmen.

Alle Ki______________ nehmen gleichberechtigt am Kl______________ teil.

Aufgaben des Klassenrats und des Klassensprechers erarbeiten;
ein Protokoll zu den Ergebnissen der Beratung verfassen

Einen Regenmesser bauen

1 Baut einen Regenmesser.

Material:

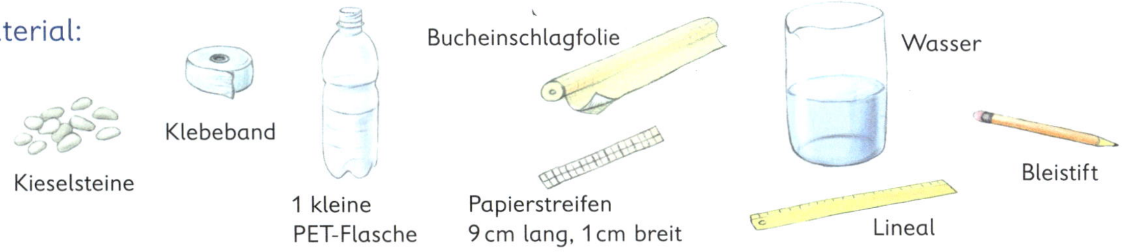

Vorgehen:

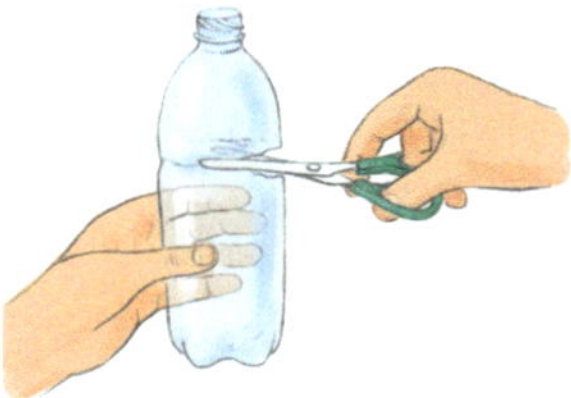

Schneidet den oberen Teil der Flasche ab. Er muss kürzer sein als der untere Teil.

Füllt den Boden mit Kieselsteinen, damit die Flasche im Freien nicht umfallen kann.

Steckt das Oberteil verkehrt herum in das Unterteil. Klebt beide Teile zusammen.

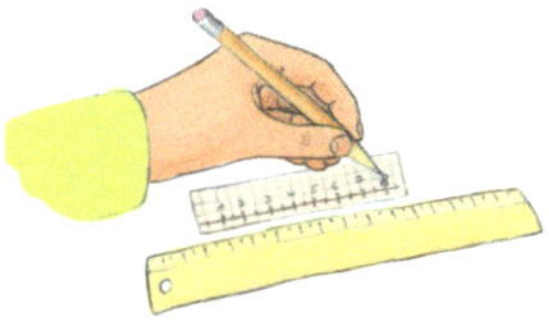

Zeichnet auf dem Papierstreifen eine Messskala mit Millimeterangaben.

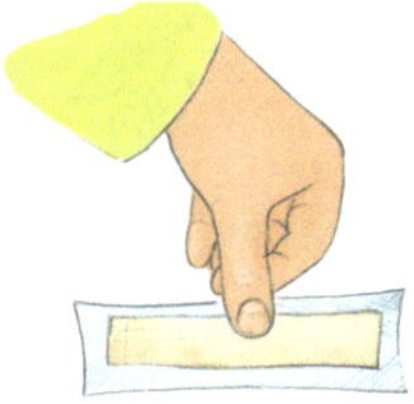

Schneidet die Bucheinschlagfolie etwas größer zu als den Papierstreifen.

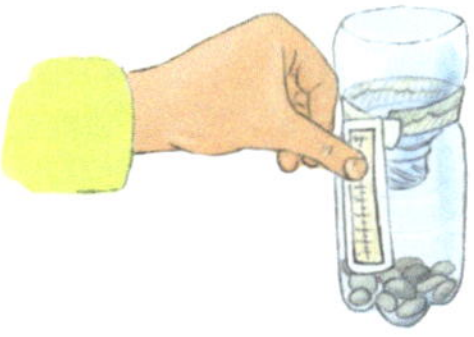

Klebt die Folie auf den Messstreifen. Klebt diesen dann senkrecht an der Flasche fest.

Füllt die Flasche vor jeder Messung bis zur unteren Markierung mit Wasser auf.

Den Regenmesser stellt ihr draußen an einem vor Wind geschützten Platz auf.

2 Messt die Niederschlagsmenge. Tragt auf einem Extrablatt an fünf Regentagen die Messergebnisse in eine Tabelle ein.

Wetterforscher messen den Niederschlag mit genauen Messgeräten in Millimeter (mm) pro Quadratmeter (m^2). Euer Regenmesser ist nicht so genau, aber man kann die Regenmengen der Tage miteinander vergleichen.

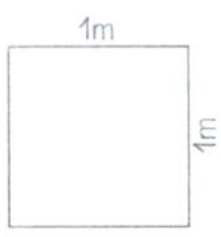

Niederschlagsmessung

vom ______ *bis* ______

Datum	*Niederschlagsmenge*

★ Du kannst die Niederschlagsmengen auch in einem Säulendiagramm darstellen.

Einen Regenmesser nach Anleitung bauen;
die Niederschlagsmengen für einen selbst bestimmten Zeitraum messen und dokumentieren

S. 14

Eine Wetterkarte auswerten

1 Was sagt die Karte über das Wetter in deinem Bundesland? Notiere:

____

____

____

____

____

____

2 Viele Menschen sind in ihrem Beruf vom Wetter abhängig. Ergänze:

Warum Menschen in diesen Berufen eine Wettervorhersage brauchen

Beruf	Begründung
Fährschiffer	*Fähren dürfen bei starkem Sturm nicht auslaufen.*

*W*______________________ zeigen uns mit Hilfe von Wetterzeichen, wie das Wetter heute ist oder in den nächsten Tagen sein wird.

Die Wetterzeichen auf einer Wetterkarte im Herbst deuten und das Wetter im eigenen Bundesland herauslesen; Beispiele für Berufe finden, deren Ausübung stark vom Wetter abhängig ist (Fährschiffer …), Begründungen finden

S. 3

Miteinander reden

Menschen haben häufig unterschiedliche Meinungen, Wünsche und Interessen. Manchmal müssen sie sich aber einigen, miteinander reden oder ein Problem gemeinsam lösen.

1 Betrachte jedes Bild. Schreibe auf, was du als Vater, Schwester, Junge und Mutter in den Situationen sagen würdest.

Wie könnten die Gespräche zum Lösen der Probleme geführt werden? Gestaltet zu den Situationen Rollenspiele.

Sich in der Gruppe zum Merksatz austauschen; verschiedene Szenen betrachten und mögliche Antworten der Personen notieren; Gespräche zur Problemlösung im Rollenspiel darstellen

Überall in der Welt arbeiten Kinder

1 Betrachte beide Bilder. Schreibe dazu Bildunterschriften.

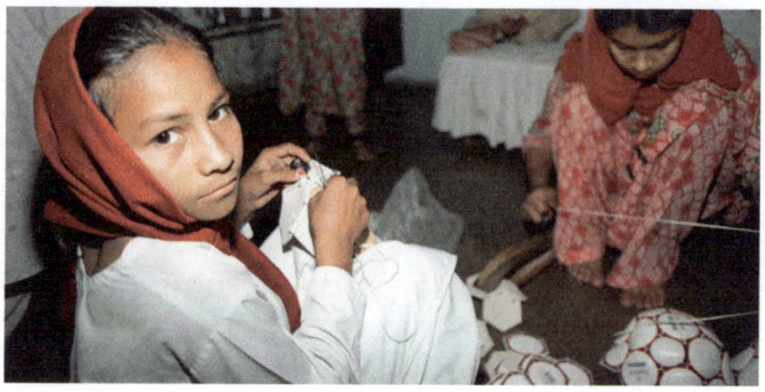

2 Schreibe zu den Bildern:

Welche Arbeiten verrichten die Kinder?

Was fühlst du beim Ansehen der Bilder?

Vermute:
Warum müssen diese Kinder arbeiten?

Suche im Internet Aktionen gegen Kinderarbeit. Notiere ein Beispiel:

Die Fotos zur Kinderarbeit (Kinder pflücken Tee auf einer Teeplantage in Rwanda/Afrika, Kinder in Pakistan/Asien stellen Fußbälle her) auswerten und sich dazu schriftlich äußern, Auswertung im Klassengespräch

Mein Taschengeld

Bekommst du monatlich I__________, kannst du darüber frei verfügen.
Du kannst das G__________ ausgeben oder sparen. Geld hat einen Wert, deshalb solltest du üben, damit umzugehen. Ein Haushaltsheft kann dir helfen, deine Ausgaben einzuteilen und vielleicht sogar etwas zu sp__________.

1 Schreibe oder male, wofür du dein letztes Taschengeld ausgegeben hast oder gern ausgeben würdest.

2 Überprüfe und kennzeichne in Aufgabe 1 mit den entsprechenden Farben:
- Sinnvolle Ausgaben: (grün)
- Ausgaben, die ich einsparen könnte: (rot)
- Wofür ich sparen möchte: (gelb)

Den Merksatz vervollständigen und sich in der Gruppe dazu austauschen;
die eigenen Ausgaben oder Wünsche darstellen (schreiben/malen);
die Ausgaben nach vorgegebenen Kategorien kritisch reflektieren

Werbung ist überall

Werbeträger übermitteln Werbebotschaften.
Die Botschaften informieren dich und wollen dich zum Handeln auffordern:
Zum Beispiel sollst du dir schicke Schuhe kaufen, einen Kinofilm ansehen oder einen neuen Handytarif aussuchen. Dabei sprechen sie immer deine Gefühle an.
Deshalb: Schaue und höre dir die Werbebotschaften kritisch an.

1 Entdecke Werbung in deiner Umgebung. Zeichne die Werbeträger. Benenne sie.

Fernseher

2 Sieh dir einen Werbespot im Fernsehen an. Schreibe auf:

Wofür wird geworben?

Wen soll die Werbung ansprechen?

Was wird in der Werbung gezeigt? Was fällt dir besonders auf?

Was denkst und fühlst du während der Werbung?

Sich in der Gruppe zum Merksatz austauschen;
Werbeträger in der Umgebung erkennen, diese zeichnen und benennen;
einen Werbespot nach vorgegebenen Kriterien bewerten

Im Winter forschen

1 Führt einen Versuch durch.

Eiswürfel verpacken

In welcher Verpackung hält sich ein Eiswürfel am längsten?

Wir vermuten: ____________________

Ihr braucht:

7 gleich große Eiswürfel

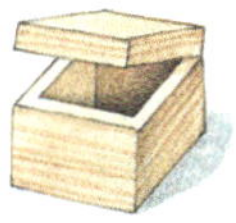
Holzschachtel

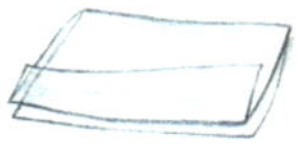
Plastikfolie

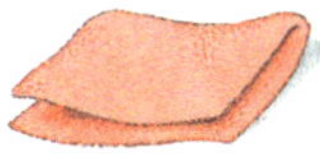
Wollstoff

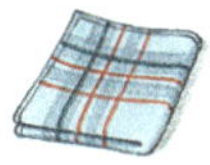
Stofftaschentuch

Zeitungspapier

Porzellanteller

Thermoskanne

Geht so vor:

- Wir lassen aus Wasser Eiswürfel gefrieren.
- Wir verpacken je einen Eiswürfel in das Zeitungspapier, die Plastikfolie, den Wollstoff, das Stofftaschentuch, die Thermoskanne, die Holzschachtel.
- Wir legen einen Eiswürfel unverpackt auf einen Teller. Ist er geschmolzen, betrachten wir die anderen Eiswürfel.

Wir beschreiben die Eiswürfel und finden eine Erklärung.

2 Schneide vorsichtig eine Knospe auf. Betrachte sie unter der Lupe. Zeichne, was du entdeckst.

3 Messt die Lufttemperatur. Messt dann die Temperatur im Schnee. Tragt sie ein. Vergleicht.

Ort:

____

____

Datum:

____

Uhrzeit:

____

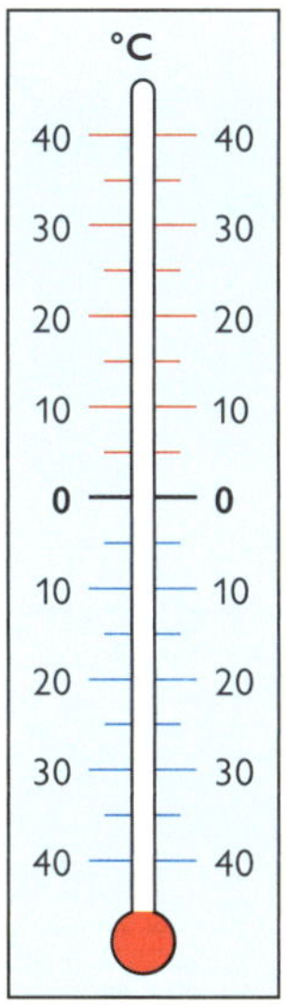

Luft

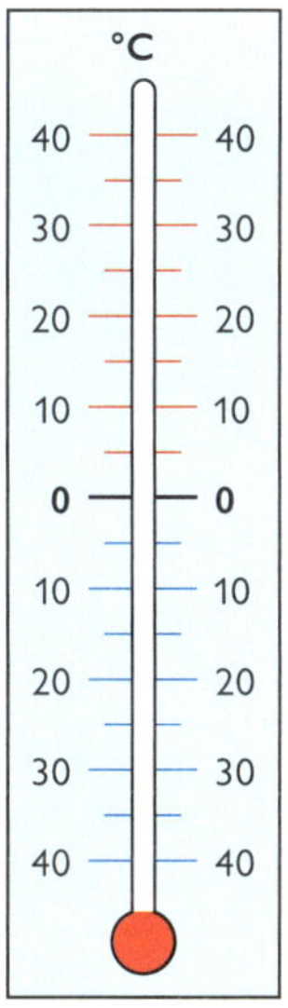

Schnee

Versuche zu Wasser durchführen;
Naturphänomene im Winter (Knospenaufbau, Temperaturen) untersuchen und dokumentieren

Eis, Wasser und Salz

1 Führe beide Versuche durch. Schreibe zu einem Versuch ein Protokoll.

Wasser gefriert

Was gefriert schneller – Leitungswasser oder Salzwasser?

Ich brauche:

2 kleine Gläser

einen Teelöffel (TL)

Kochsalz

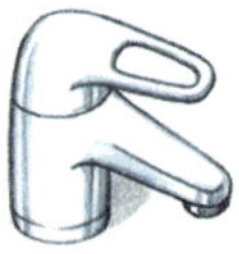
Wasser

So gehe ich vor:

- Ich gebe 5 TL Wasser in ein Glas.
- Ich fülle 5 TL Wasser in das zweite Glas und löse darin einen TL Salz auf.
- Ich stelle beide Gläser ins Gefrierfach.
- Ich schaue 30 Minuten später nach.
- Nach einiger Zeit sehe ich wieder nach.

Kochsalz auf Eis

Was passiert, wenn ich etwas Kochsalz auf Eisstückchen gebe?

Ich brauche:

Eisstückchen

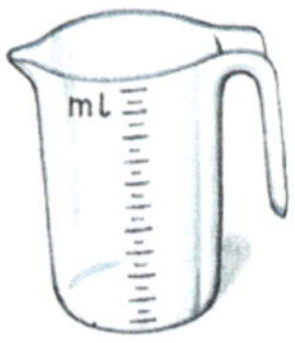

einen Messbecher (Angabe in ml)

Kochsalz

einen Teelöffel (TL)

ein Thermometer

So gehe ich vor:

- Ich fülle Eisstücke in den Messbecher (bis zur Markierung 100 ml).
- Ich messe die Temperatur im Eis und trage sie in eine Tabelle ein.
- Ich rühre 2 TL Salz in das Eis.
- Ich messe die Temperatur und trage sie in eine Tabelle ein.

Material	Eisstücke	Eisstücke, Kochsalz
Temperatur	°C	°C

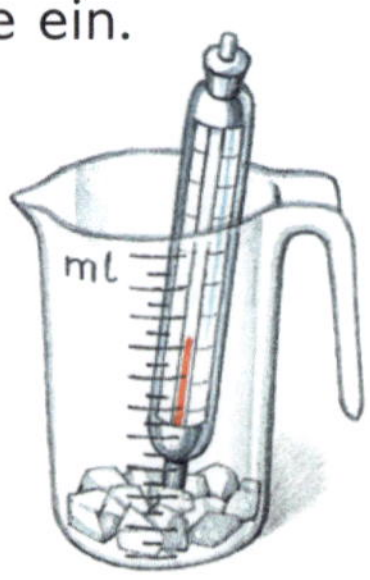

Ich erkläre: Eis ist gefrorenes Wasser. Im Eis sind alle Wasserteilchen gleichmäßig angeordnet. Das Salz zerstört die gleichmäßige Anordnung.

Das Eis ____________________, obwohl die Temperatur ______________________________.

Versuche durchführen, dabei genau nach Anleitung vorgehen;
über die Versuche mit anderen reflektieren und nach Erklärungen suchen;
zu einem Versuch ein Protokoll anfertigen

So fühle ich mich wohl

1 Trage in die Ballons ein, was dir gut tut.

2 Gestalte ein Spiel mit anderen.

Nahrungsmittel sind kostbar

1 Tauscht euch zum Thema aus. Betrachtet dazu auch die Bilder.

2 Wie hältst du es mit Nahrungsmitteln? Kreuze an, was du richtig findest. Sprich mit anderen darüber.

Ich achte darauf, dass kein Nahrungsmittel schlecht wird, denn in vielen Ländern der Erde haben Menschen nicht genug zu essen.

Um Nahrung herzustellen, wird viel Energie verbraucht. Lasse ich Speisen verderben, ist diese Energie verschwendet.

Heute gibt es so viele Nahrungsmittel, da kann jeder so viel essen, wie er will.

Ich lasse keine Nahrung verderben. Sie kostet Geld.

Für die Nahrungsmittel müssen viele Menschen arbeiten. Es ist schade, wenn diese Arbeit umsonst war.

Es ist nicht schlimm, wenn mal etwas Brot verdirbt. Dann kaufen wir neues, und es gibt wieder Arbeit.

In der Gruppe zu Aussagen der Fotos diskutieren;
sich schriftlich zum Umgang mit Nahrungsmitteln positionieren
und mit Partnern oder in der Gruppe über die Ergebnisse sprechen

Drogen – Nein danke!

1 Betrachtet die Abbildung. Diskutiert darüber.

2 Schreibe auf: Was hat Lena wohl mit ihren Worten gemeint?

____

____

★ Lest die Kärtchen. Ergänzt ein eigenes Erlebnis zu Drogen.

Carlo und Louis wollen im Supermarkt 2 Flaschen Alcopops kaufen. Die Verkäuferin an der Kasse will ihren Ausweis sehen.
Was sagen sie?

Lena, Anna und Fee finden eine Schachtel Zigaretten.

Was tun sie?

Mein Erlebnis: ____

____

____

____

____

★ Gestaltet die Situationen als Rollenspiel. Wie verhaltet ihr euch?

Sich zu Drogenmissbrauch in einer Diskussion positionieren und das Verhalten anderer beurteilen;
eine Aussage interpretieren;
wahlweise: mögliche eigene Erfahrungen erkennen, beurteilen und im Rollenspiel Nein! sagen üben

Kannst du helfen?

1 Betrachte die Bilder. Schreibe auf, was du als erste Hilfe tun würdest:

2 Notiere: Bei welcher Verletzung hast du schon einmal erste Hilfe geleistet?

Lest den Zeitungsausschnitt und spielt die Situation nach.
Besprecht vorher, wie der Notruf des Jungen erfolgen muss.

Handy rettet Leben

Zu einer Katastrophe wäre es beinahe in Godorf gekommen, als drei Jugendliche in einem Stall rauchten. Unachtsam warf ein Mädchen ihre glühende Zigarette weg. Sofort fing das umherliegende Stroh Feuer und versperrte den Jugendlichen den Ausgang. Ein Junge hatte ein Handy dabei und konnte die Feuerwehr alarmieren.

Sich in Erste-Hilfe-Situationen hineinversetzen und mögliche Hilfeleistungen notieren;
sich zu einer selbst durchgeführten Hilfeleistung äußern;
im Rollenspiel eine Notsituation nachspielen

Orientierungsübungen im Schulgelände

1 Wie lang und breit ist das Schulgelände?
- Messt das Gelände mit einer langen Schnur aus.

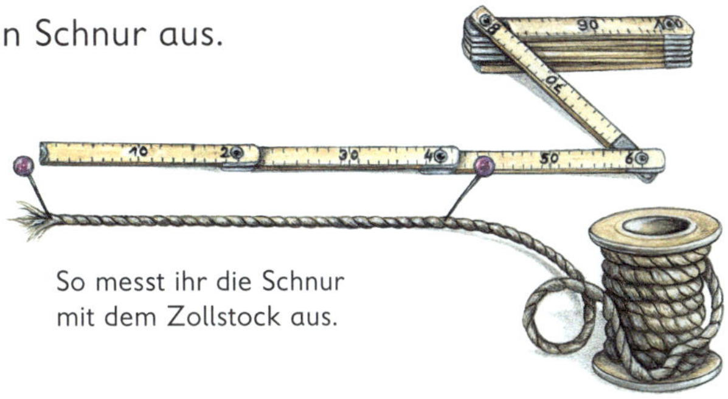

So messt ihr die Schnur mit dem Zollstock aus.

____
Länge des Schulgeländes

____
Breite des Schulgeländes

2 Wie lang und breit ist die Schule?
- Messt mit der Schnur die Außenkanten der Schule.
- Messt die Schnur mit dem Zollstock aus.

______________________ ______________________
Länge der Schule *Breite der Schule*

3 Wie hoch ist deine Schule? Schätze: ______________

- Wie viele Etagen hat dein Schulhaus? ______________
- Messt die Höhe eines Klassenraums in einer Etage: ______________
- Schätzt noch einmal die Höhe der Schule: ______________

4 Skizziere euer Schulgelände mit allen Objekten. Zeichne dazu die Legende.

Im Schulgelände allein oder in Gruppen das Schätzen und Messen üben,
die Ergebnisse dokumentieren und vergleichen;
die Messungen in eine Skizze umsetzen und die Legende dazu selbst entwerfen

5 Bestimme die Lage deiner Schule. Orientiere dich an der Sonne.

- Scheint die Sonne morgens an deine Schultür?

  ja ☐ nein ☐

- Wie lange scheint die Sonne in die Fenster deiner Klasse?

  von ________________ *bis* ________________

- In welcher Himmelsrichtung steht die Sonne mittags? ______________________

- In welche Räume der Schule scheint mittags die Sonne?

____

____

- Nenne Räume nach **Westen**: ______________________

- Nenne Räume nach **Osten**: ______________________

- Nenne Räume nach ______________ : ______________________

6 **Alarm:** Beschreibe den Fluchtweg  von deinem Klassenraum bis zum Sammelplatz aus dem Gedächtnis.

____

____

____

____

____

____

7 Geht den Weg gemeinsam und kontrolliert eure Aufzeichnungen.

Lagebestimmungen im Schulgelände mit Hilfe der Himmelsrichtungen vornehmen und anwenden: dazu den Fluchtweg in der Schule beschreiben und die Ergebnisse bei einem Unterrichtsgang kontrollieren

S.3

Sich im Ortsplan orientieren

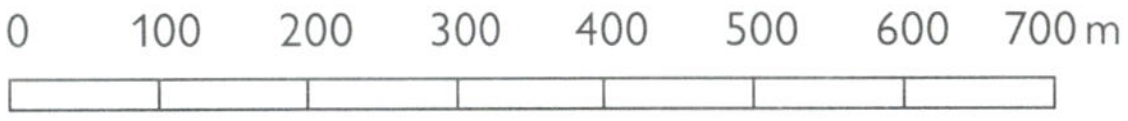

1 Übt, die Legende des Plans zu lesen.
Betrachtet die Zeichen, beschreibt sie, lest die Erklärung. Ergänzt:

Name einer Hauptstraße: ______________________________

An dieser Straße gibt es viele Gärten: ______________________________

Namen der Gewässer: ______________________________

Standort des Museums: ______________________________

2 Miss Entfernungen. Nutze dazu den Plan, Papiermessstreifen oder einen festen Faden und ein Lineal.

① **Miss mit Papiermessstreifen:**
Kennzeichne auf dem Messstreifen Anfangspunkt und Endpunkt.
Lege ihn dann an die Maßstabsleiste der Karte an.
Stelle die jeweilige Entfernung fest.
Direkte Entfernung: Schule – Markt ______ m
Direkte Entfernung: Schule – Fauler See ______ m

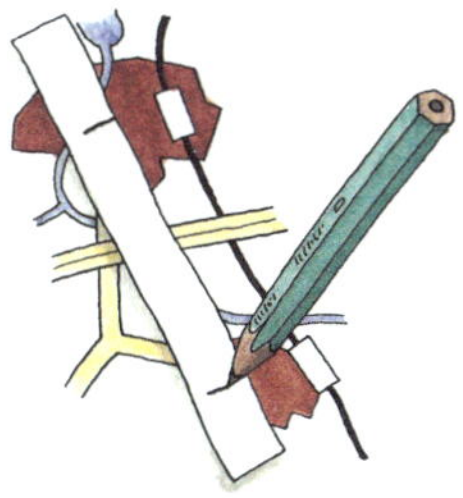

② **Miss mit dem Faden wie im Schülerbuch:**
Wegentfernung: Denkmal – Kino ______ m
Wegentfernung: Schlossgraben – Markt ______ m

★ Schätzt und messt Entfernungen auf einem Plan eures Heimatortes.

Einen Plan lesen und Aussagen dazu festhalten;
Entfernungen auf der Karte mit unterschiedlichen Methoden messen;
die Kenntnisse im Plan des Heimatortes anwenden

Wir wandern mit der Karte

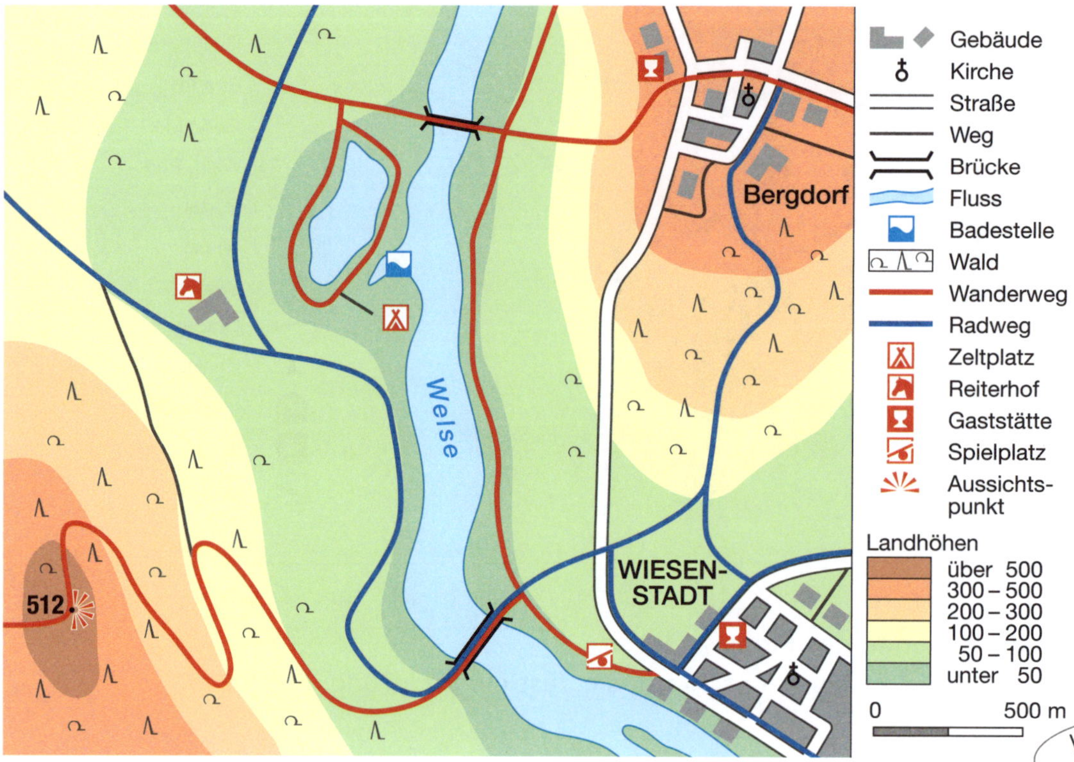

1 Übt mit der Karte und der Legende. Zeichnet und notiert.

- Benennt und zeigt auf der Karte die Landhöhen.
- So hoch liegen diese Standorte:

Reiterhof ______ m	Kirche ______ m, ______ m
Aussichtspunkt ______ m	______________ ______ m
Brücke ______ m	______________ ______ m

- Wenn wir vom Zeltplatz zum Aussichtsturm wandern, müssen wir einen Höhenunterschied von ________ m überwinden.
- Stationen unseres Wanderweges sind: ______________________________

____

____

- Vom Zeltplatz nach Bergdorf sind es geschätzt ________ m, gemessen ________ m.

S. 10, S. 11

Sich mit der Wanderkarte in der Natur orientieren, Höhen und Oberflächenformen erkennen, Legende anwenden: Entfernungen messen und schätzen

Unser Heimatkreis

1 Informiert euch über euren Kreis. Nutzt Karten und ihre Legenden im Schülerbuch (S.65, Buchumschlag hinten) oder im Heimatatlas. Malt die Landhöhen aus. Notiert:

Name des Kreises: ______________________________

Lage in Brandenburg: ______________________________

Nachbarkreise: ______________________________

____

Name der Kreisstadt: ______________________________

Gewässer im Kreis: ______________________________

____

Landhöhen im Kreis:

☐	400 m
☐	____ m
☐	____ m
☐	____ m
☐	____ m
☐	____ m
☐	0 m

Das Interessanteste in meinem Heimatkreis in Wort und Bild:

Karten und Legenden Informationen entnehmen und dokumentieren; sich über den Heimatkreis informieren (Sachbücher, Internet), das aus eigener Sicht Interessanteste auswählen, dazu Texte verfassen und Bilder malen oder aufkleben

S.5

2 Zeichne eine Umrisskarte von deinem Heimatkreis.
Orientiere dich auf Seite 2. Die Planquadrate helfen dir.

3 Denke dir Symbole aus. Trage sie in die Legende ein.

- **deinen Wohnort**
- **die Kreisstadt**
- **einige Sehenswürdigkeiten**
- **Flüsse und Seen**
- **wichtige Höhenpunkte**
- **andere Städte**

4 Gestalte mit Hilfe der Legende deine Karte.

Nach der Umrisskarte auf Seite 2 den Heimatkreis grob skizzieren,
selbstständig eine Legende erarbeiten und ausgewählte Informationen zum Kreis einarbeiten

Die Wirtschaft unseres Heimatkreises

1 Schaut euch um, informiert euch und tragt Beispiele ein.

Industriebetrieb
Seite 53

Name: ______________________________

____

Produkte: ______________________________

____

Transport und Verkehr
Seite 53

Transportfirma: ______________________________

Verkehrsbetrieb: ______________________________

____

Verkehrsweg: ______________________________

Handel, Geschäfte
Seite 53

Lebensmittel: ______________________________

____

Fachgeschäft: ______________________________

Waren: ______________________________

Hotels, Gaststätten
Seite 53

Gaststätten: ______________________________

____

Hotels: ______________________________

____

Dienstleistungsbetrieb
Seite 53

Name: ______________________________

____

Dienstleistungen: ______________________________

____

Land- und Forstwirtschaft
Seite 53

Betriebe: ______________________________

____

Produkte: ______________________________

____

★ Stellt einen Betrieb genauer vor und präsentiert die Ergebnisse.

Sich im Ort, in Branchenbüchern, auf der Homepage des Heimatkreises und in Informationsblättern der örtlichen Verwaltungen über Betriebe und Produkte oder Dienstleistungen informieren, Beispiele dokumentieren bzw. präsentieren

S.4

Wo wir wohnen

1 Erkundet: Ist euer Wohnumfeld ein guter Ort für Erwachsene und Kinder? Bewertet und vergebt Punkte. Ihr könnt noch Beispiele ergänzen.

●●●● super ●●● gut ●● ausreichend ● verbesserungsbedürftig

Bebauung/Häuser

○○○○

Die Nachbarn

○○○○

Freizeitangebote

○○○○

Erholungsmöglichkeiten

○○○○

Grünflächen/Parks

○○○○

____

○○○○

Mein größter Wunsch ☺

Schulwegsicherheit

○○○○

Verkehrsverbindungen

○○○○

____

○○○○

____

○○○○

2 Gestalte ein Leporello zum Thema: Wo ich wohne.

- Befrage Kinder und Erwachsene zu ihren Wünschen für ihr Wohnumfeld.
- Schreibe, male und klebe Bilder zu den kurzen Interviews ein.

Beispiel für Fragen:
Was müsste sich in Ihrem Wohnhaus verändern?
Welche Freizeitangebote wünschst du dir im Ort?
Was muss im Ort noch verbessert werden?

Klebe hier dein Leporello auf.

Wohnumfeld nach vorgegebenen Kategorien erkunden und bewerten, eigene Beispiele ergänzen; Befragungen zum Thema „Wo ich wohne" durchführen und die Ergebnisse in einem Leporello festhalten

S. 5

Ich bin 9 Jahre alt und fahre Rad

1 Male die Antworten aus:

richtig falsch

Ende

Radweg oder Fußweg?

- Der Radweg ist zu Ende. Ich fahre auf dem Gehweg weiter.
- Ich fahre schnell auf die Straße. Die Autos müssen warten.
- Ich schaue zurück und lasse die Autos vorbei. Dann fahre ich auf die Straße.

Was beachte ich bei diesem Schild?

- Ist ein Radweg vorhanden, muss ich ihn benutzen.
- Ich fahre links auf dem Radweg.
- Bis zum Alter von 10 Jahren darf ich noch auf dem Gehweg fahren.

Wie verhalte ich mich hier?

- Ich kann auf die Straße fahren, um den Fußgängern auszuweichen.
- Ich muss meine Geschwindigkeit an die Fußgänger anpassen.
- Ich warte, bis die Fußgänger Platz machen.

Linksabbiegen – aber sicher
Ordne die Zahlen den Wortgruppen zu:

- [2] Schauen, ob Fahrzeuge von links kommen
- [4] Die Straße an sicherer Stelle überqueren, wenn sie frei ist; das Rad schieben
- [1] Schauen, ob Fahrzeuge von vorn kommen
- [ ] Erst auf der Nebenstraße weiterfahren
- [5] Am rechten Straßenrand geradeaus fahren

Das eigene Wissen über Verkehrsregeln beim Fahrradfahren prüfen und richtige bzw. falsche Antworten entsprechend ausmalen; das sichere Linksabbiegen beim Fahrradfahren einprägen

Mit dem Fahrrad auf der Straße

1 Mit dem Rad musst du sicher fahren können, auf dem Bürgersteig und auf dem Radweg. Betrachte die Bilder und ergänze die Texte.

Ich muss mit dem Fahrrad langsam fahren können.

Das ist wichtig, wenn ich auf einer Spielstraße fahree. Dort spielen viele Kinder und sie können plötzlich die Straße betreten.

Ich muss stark bremsen können, damit ich kein Spielzeuganfahre und kein Kind verletze.

______________________________________.

Oft muss ich nach ______________________________________

und trotzdem sicher geradeaus weiterfahren.

Das brauche ich ______________________________________

______________________________________.

Immer wieder muss ich zügig ______________________________________,

ohne dabei zu wackeln. Das brauche ich ______________________________________

____

______________________________________.

2 Schätze dein Fahrkönnen ein ☺ 😐 ☹.

Die Bilder betrachten und auswerten, die Lückentexte zum sicheren Radfahren ergänzen; zu allen Bildern eine Selbsteinschätzung geben, wie sicher das Radfahren beherrscht wird, daraus Übungsschwerpunkte im Schonraum ableiten

Fahrrad-Check: Ist mein Fahrrad verkehrssicher?

1 Beschrifte die Teile eines **verkehrssicheren** Fahrrades.

1	Hinterradbremse	6	Roter Großflächenrückstrahler
2	Vorderradbremse	7	Rote Schlussleuchte
3	Roter Rückstrahler	8	Helltönende Klingel
4	Weißer Scheinwerfer	9	Dynamo
5	Weißer Frontreflektor	10	vier Speichenreflektoren
		11	zwei gelbe Pedalrückstrahler je Pedal

★ Prüfe dein Fahrrad. Welche Teile weist es auf? Notiere die Nummern.

☐ ☐ ☐ ☐ ☐ ☐ ☐ ☐ ☐ ☐ ☐

2 Kreuze an, was dein Fahrrad **betriebssicher** macht.

☐ Die Kette ist straff gespannt.	☐ Die Reifen sind richtig aufgepumpt und haben genug Profil.	☐ Die Radmuttern sind festgezogen.
☐ Die Bremsen funktionieren sicher.	☐ Der Dynamo ist sauber.	☐ Das Rad hat einen Korb.
☐ Die Bremsen bewegen sich leicht.	☐ Eine Luftpumpe ist vorhanden.	☐ Die Scheinwerfer leuchten weiß.

Einen Fahrrad-Check nach Verkehrs- und Betriebssicherheit vornehmen;
wahlweise: das eigene Fahrrad entsprechend den Vorschriften untersuchen

Verkehrszeichen sicher kennen und beachten

1 Welche Verkehrszeichen sind im Bild zu sehen? Kreuze an.

[x] Halt. Vorfahrt gewähren.

[ ] Fußgängerüberweg

[x] Vorfahrtstraße

[x] Vorrang des Gegenverkehrs

[ ] Verbot für Radverkehr

[x] Arbeitsstelle

[x] Getrennter Rad- und Gehweg

[x] Zulässige Höchstgeschwindigkeit

[x] Vorfahrt gewähren.

[ ] Verbot der Einfahrt

[x] Beginn

[x] Ende

eines verkehrsberuhigten Bereiches

2 Betrachtet noch einmal das Bild. Vervollständigt die Sätze mit Hilfe der Bilder. Beantwortet die Fragen.

Tim fährt durch einen . Worauf muss er bei dem Schild  achten?

Cora gerät in einer Nebenstraße an eine . Und was jetzt?

Alex fährt an der Vorfahrtstraße auf dem . Warum muss er sehr aufpassen?

Mutti fährt mit Emily bis zum Schild . Was wird Emilys Mutti nun tun?

Luca fährt mit dem Rad durch den Park. Muss er auch etwas beachten?

Das Wissen über Verkehrszeichen und ihre Bedeutung anwenden und üben,
Verkehrszeichen im Bild wiederfinden und ankreuzen;
Sätze mit Hilfe von Bildern mündlich ergänzen und dazu Fragen zum richtigen Verhalten beantworten

S. 3, S. 9

Einen Zeitmesser bauen

Kerzenuhr

Material:

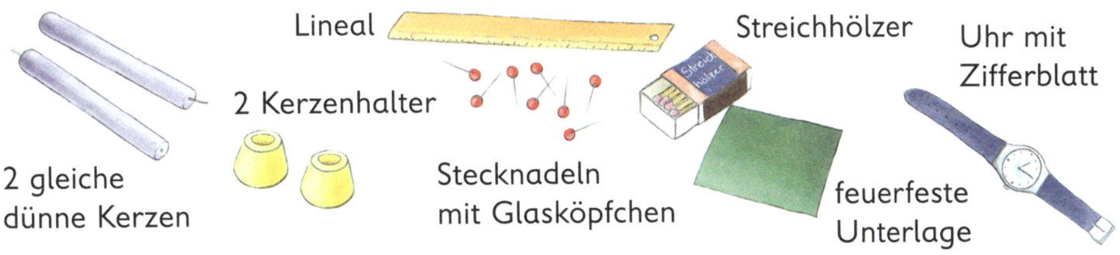

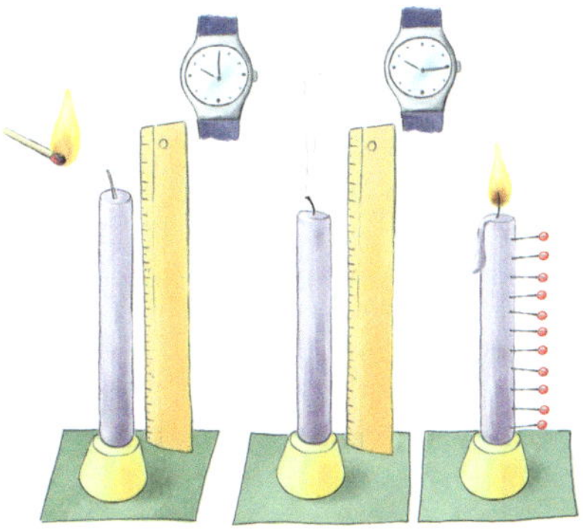

Vorgehen:

- Stelle die Kerze in den Kerzenhalter. Miss die Länge der Kerze.
- Zünde die Kerze an. Lass sie 15 Minuten brennen. Lösche sie dann.
- Miss, wie viele Zentimeter die Kerze in 15 Minuten heruntergebrannt ist.
- Übertrage den Abstand mit Stecknadeln auf die ganze Kerze.
- Zündest du die Kerze an, fällt jede Viertelstunde eine Stecknadel herab.

Gehe nur mit F__________ um, wenn Erwachsene dabei sind.

In der Klasse muss L__________ oder W__________ bereit stehen.

Lass eine K__________ nie ohne Aufsicht brennen. Es besteht Brandgefahr.

Tischsonnenuhr

Material:

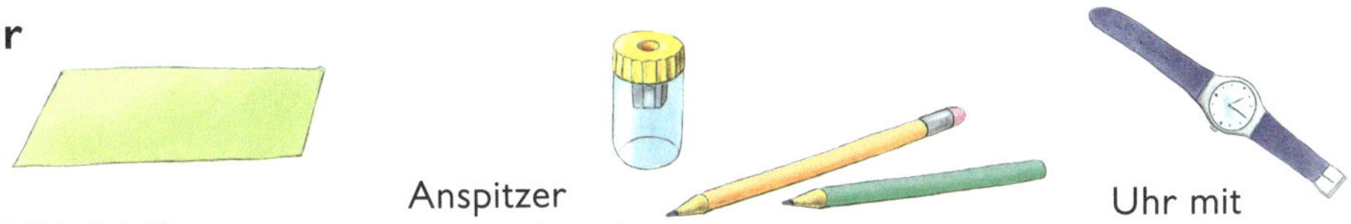

Vorgehen:

- Lege den Karton auf eine sonnige Stelle im Klassenzimmer oder im Schulflur, zum Beispiel auf die Fensterbank.
- Stecke den Bleistift in den Anspitzer. Stelle beides in die Mitte des Kartons.
- Markiere mit einem Stift stündlich den Schatten des Stiftes auf dem Karton.
- Schreibe immer die Uhrzeit daneben.

Kerzenuhr und Tischsonnenuhr nach Bauanleitung herstellen;
den Merksatz vervollständigen,
sich in der Gruppe darüber austauschen

S. 14

Waschen früher und heute

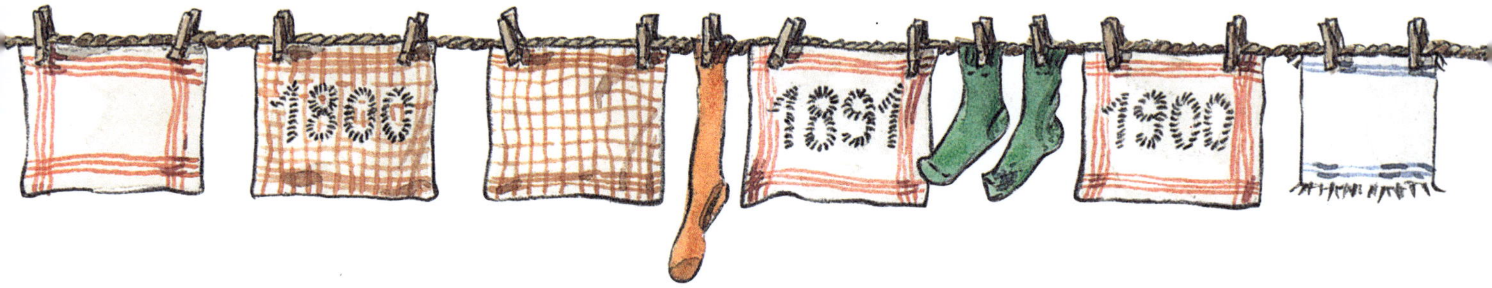

1 Lies die Texte. Schneide die Bilder von Seite 53 aus. Klebe sie auf.

2 Markiere nun die Jahreszahlen unten auf der Zeitleiste. Verbinde.

Seite 53

Seite 53

Seite 53

Um 1750 gab es noch kein Waschpulver. Ein mit Holzasche gefüllter Stoffsack wurde in einem Zuber mit kochendem Wasser übergossen. So entstand eine Lauge, in der die Wäsche eingeweicht wurde. An einer Waschstelle am Bach oder Teich wurden die Wäschestücke auf einen Stein gelegt und mit einem Holzbrett geschlagen, bis sie sauber waren. Dann wurde die Wäsche im Bach oder im Teich gespült.

Um 1850 wurde die Wäsche mit Kernseife behandelt, eingeweicht und in einem Waschkessel gekocht. Dabei musste sie mit einem langen Holzstab bewegt werden. Danach kam die Wäsche in einen Holzzuber. Auf einem Waschbrett rubbelten und schrubbten die Wäscherinnen mit einer Bürste die Wäsche sauber. Die ausgewrungene Wäsche wurde dann in anderen Wannen gespült, bis das Wasser klar blieb.

Um 1910 war zwar das erste Vollwaschmittel schon erfunden, aber häufig wurde die Wäsche noch im Waschkessel gekocht. Anschließend legte man etwa drei Wäschestücke in den Waschzuber und stampfte sie mit einem Wäschestampfer oder einer Waschglocke. So konnte das Waschmittel besser in die Wäsche eindringen. Auch das Ausspülen und Auswringen der Wäsche erfolgte noch mit der Hand.

Frage deine Großeltern oder ältere Menschen, wie ihre Mütter die Wäsche wuschen.
Notiere auf einem Extrablatt ihre Beschreibungen.

Sachtexte und Bilder inhaltlich zuordnen und die Bilder aufkleben;
Jahreszahl auf der Zeitleiste markieren und Verbindung herstellen;
Befragung von Zeitzeugen zum Thema „Waschen früher“ vornehmen

S. 16

3 Unterstreiche in allen Texten die Hilfsmittel zum Wäschewaschen.

4 Hilf zu Hause beim Wäschewaschen. Notiere die Arbeitsschritte.

Seite 53	Seite 53	Seite 53

Um 1930 wurde die Wäsche wie jeher sortiert, eingeweicht und im Waschkessel gekocht. Aber der Waschvorgang war für die Wäscherinnen leichter. In einer Holzbottich-Waschmaschine wurde die gekochte Wäsche durch ein Drehkreuz gleichmäßig und schonend bewegt. Die Waschmaschine besaß zusätzlich noch einen Elektromotor und eine Vorrichtung, mit der die Wäsche ausgewrungen wurde.

Um 1966 kam der Waschkessel aus der Mode. Mit der teilautomatischen Waschmaschine WM 66 konnten die Funktionen *Heizen, Waschen* und *Leeren* ausgeführt werden. Die Metallbottich-Waschmaschine hatte im Boden ein Wellenrad. Das erzeugte einen Wasserstrudel und so wurde die Wäsche bewegt. Das Spülen der Wäsche wurde außerhalb der Waschmaschine per Hand erledigt.

Heute besitzen viele Haushalte vollautomatische Waschmaschinen. Sie werden elektronisch gesteuert. Je nach Art der Wäsche, zum Beispiel Kochwäsche oder Feinwäsche, wählt man Waschmittel und Programm aus und drückt die Taste „Start". Die Wäsche wird gewaschen, gespült und geschleudert. Manche Haushalte benutzen einen Wäschetrockner, so spart man das Aufhängen der Wäsche.

Besprecht und vergleicht das Waschen früher und heute.
Beachtet: Zeitdauer, Hilfsmittel …
Berücksichtigt auch die körperliche Arbeit beim Wäschewaschen.
Ihr könnt für den Vergleich eine Tabelle erstellen.

Sachtexte und Bilder inhaltlich zuordnen, Bilder aufkleben; Jahreszahl auf der Zeitleiste markieren und Verbindung herstellen;
Informationen zu Waschhilfsmitteln in den Texten unterstreichen;
Waschen heute beschreiben und mit früher vergleichen

Eine historische Quelle erforschen

1 Bitte deine Familie um ein altes Foto. Lege das Foto in einen Briefumschlag.

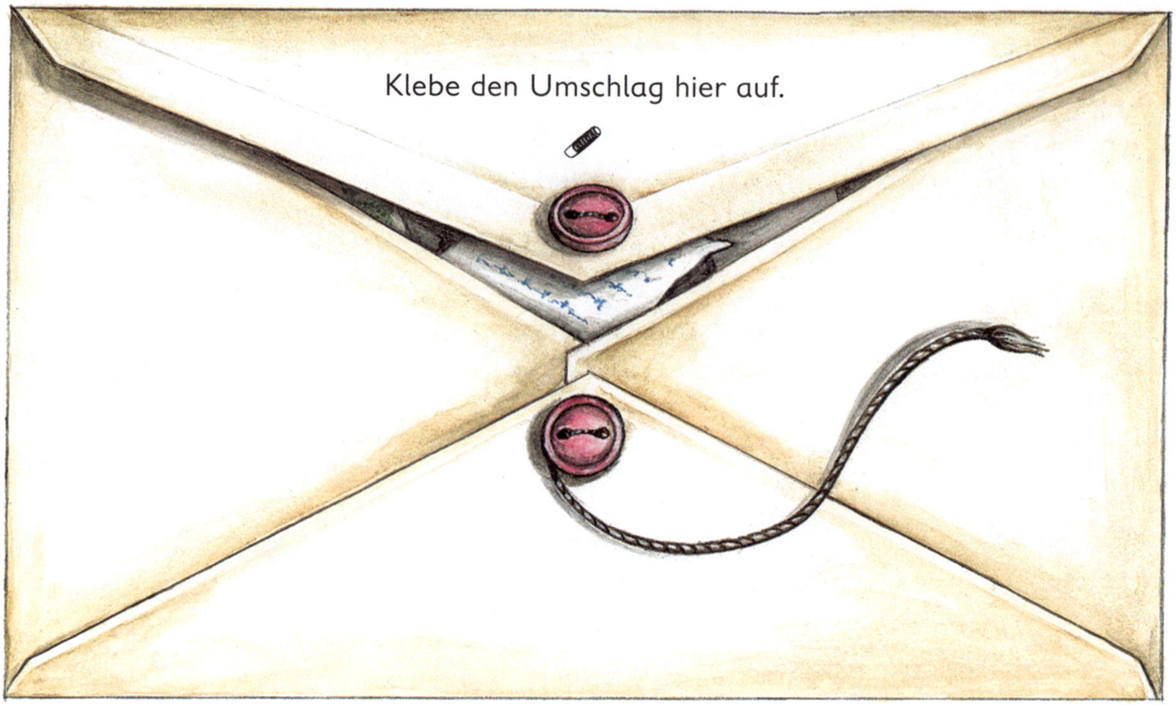

2 Befrage deine Familie zu dem Foto. Schreibe auf:

Wer war der Fotograf/die Fotografin? ______________________________

Wer und was ist zu sehen? ______________________________

Wo und wann ist das Foto entstanden? ______________________________

Warum wurde es fotografiert? ______________________________

Wo wird das Foto aufbewahrt? ______________________________

Meine Frage: ______________________________

Antwort: ______________________________

____

3 Präsentiere das Foto.
Erzähle von deinem Forschungsergebnis.
Gib das Bild dann wieder an die Besitzer zurück.

Eine Wiese im Mai entdecken

1 Welche Pflanzen und welche Tiere entdeckst du hier?

☐ ______________________
☐ ______________________
☐ ______________________
☐ ______________________
☐ ______________________
☐ ______________________
☐ ______________________

2 Besuche eine ungemähte Wiese. Notiere, was du wahrnimmst:

Das ist	Das
grün:	brummt:
rot:	zirpt:
gelb:	singt:
blau:	summt:

Das ist	Das riecht	Das schmeckt
hart:	blumig:	 Kamillentee
weich:	würzig:	
borstig:	streng:	
spitz:	nach:	
scharf:	nach:	Gänseblümchen in der Suppe

Artenkenntnisse zu Pflanzen und Tieren auf der Wiese festigen;
das Leben auf einer Wiese mit den Sinnen wahrnehmen und dokumentieren;
Kamillentee oder andere Kräuterwürze schmecken

S. 4, S. 5, S. 8

Kleine Tiere auf der Wiese

1 Schreibe einen Tier-Steckbrief zum Tagpfauenauge.
Nutze dafür Informationen aus Sachbüchern.

Tier-Steckbrief:	Name: *Tagpfauenauge*	
Lebensraum:		
Lebensweise:		
Fortpflanzung:		
Nahrung:		
Feinde:		

2 Wähle ein kleines Tier, das du im Frühling auf einer Wiese entdeckt hast.
Schreibe zu dem Tier einen Steckbrief.

Tier-Steckbrief:	Name:	Foto
Lebensraum:		
Lebensweise:		
Fortpflanzung:		
Nahrung:		
Feinde:		

Kenntnisse über die Gestaltung eines Steckbriefes anwenden;
selbst zu Steckbriefen recherchieren und die Ergebnisse dokumentieren;
die Steckbriefe in der Gruppe oder Klasse präsentieren

S. 8

Zwei Wiesenpflanzen

1 Bestimme die Pflanzen. Nutze ein Bestimmungsbuch oder das Internet (Suchwort: Pflanzenbestimmung). Vervollständige die Angaben.

Ich erkenne die Pflanze an diesen Merkmalen:

Blütenfarbe:

Blütenform:

Anzahl der Blütenblätter: meist

Anzahl der Blüten am Stängel:

Farbe der Staubblätter:

Blattform:

Name der Pflanze:

Die ______________________ ist eine geschützte Pflanze und sehr selten.

Ich erkenne die Pflanze an diesen Merkmalen:

Blütenfarbe:

Blütenform:

Anzahl der Blütenköpfchen am Stängel: 1

Blattform:

Name der Pflanze:

Der ______________________ ist eine wichtige Futterpflanze, die auf den Wiesen und Weiden Brandenburgs wächst.

Sich über geschützte und ungeschützte Pflanzen (Kuhschelle, Weißklee) informieren, sie bestimmen und ihre Merkmale notieren; die Merksätze ergänzen

Warum ein Herbar nützlich ist und wie man es anlegt

1 Informiere dich. Füge die Wörter in den Text ein:
gepresst Herbarblätter Herbarsammlung Herbarsammlungen
Merkmale Naturschutz nicht Pflanzen Schädlinge

Ein Herbar ist eine Sammlung von getrockneten und

______________ Pflanzen oder Pflanzenteilen.

Sie werden auf ______________ geklebt, um

die ______________ oder Pflanzenteile für längere Zeit aufzubewahren. Eine

______________ muss trocken und kühl lagern, damit sie nicht schimmelt

oder von ______________ befallen wird. Zwar bleichen die Farben der

Pflanzen im Herbar mit der Zeit aus, doch Pflanzenkundler können die Pflanzen an ihren

______________ genau bestimmen oder mit frisch gesammelten Pflanzen

vergleichen. So gibt ein Herbar auch Auskunft über frühere und heutige Wuchsorte.

Eine der weltweit größten ______________ mit etwa 8 Millionen

Pflanzenproben befindet sich im Nationalmuseum der Naturgeschichte in Paris.

Wenn ich Pflanzen sammle, muss ich mich informieren, ob sie selten sind und unter

______________ stehen. Geschützte Pflanzen sammle ich ______________.

Ich sammle nur häufig vorkommende Pflanzen, die nicht geschützt sind.

Pflanzen für das Herbar:

- nur vollständige Pflanzen sammeln
- harte, sperrige Wurzeln entfernen
- am Fundort der Pflanze notieren: Standort (Straße, Park, Wegrand …), Name, Datum, Sammler
- unbekannte Pflanzen bestimmen

1 **Sammeln**

2 **Aufkleben**

3 **Auflegen und pressen**

4 **Beschriften**

Sich über den Nutzen eines Herbars informieren, dazu die Sinnzusammenhänge im Sachtext erkennen und aufschreiben; das Vorgehen beim Herbarisieren einprägen

Wasser beobachten

1 Wasser verwandelt sich. Finde Erklärungen.

Warum verschwindet die Pfütze?

____

____

____

Warum ist über kochendem Wasser Dampf zu sehen?

____

____

____

2 Bitte für diesen Versuch Erwachsene um Hilfe.

Wasser kochen – So oder so?

Ich brauche:

einen Kochtopf

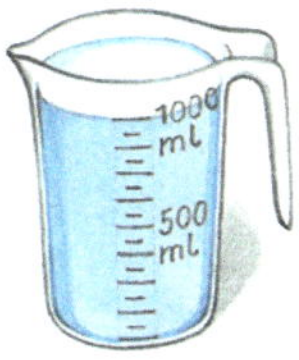

einen Messbecher (ml)
einen Liter Wasser

einen Kurzzeitwecker

So gehe ich vor:
Ich bringe nacheinander auf dem Herd Wasser zum Kochen:

- 500 ml im Kochtopf ohne Deckel,
- 500 ml im Kochtopf mit Deckel.

Ich messe die Zeit bis zum Sieden.

In welchem Topf kocht das Wasser eher?

Ich vermute: ______________________________

Ich beobachte und notiere die Zeiten bis zum Sieden des Wassers:

__________ *min*

__________ *min*

Ich versuche das Ergebnis zu erklären: ______________________________

____

Die Verwandlung von Wasser erklären; im Versuch Wasser in einem Topf, einmal mit Deckel und einmal ohne, zum Kochen bringen; die Zeit bis zum Sieden des Wassers messen und die Messergebnisse festhalten; versuchen, die gemessenen Zeitunterschiede erklären

Der Kreislauf des Wassers

1 Im Bild sind die Vorgänge im Wasserkreislauf mit Zahlen bezeichnet.
Ordne die Zahlen den Bildern zu. Schreibe dazu Texte.

10

1

Die Wolke ist zu schwer und
Niederschlag fällt zu Boden.
Ist die Luft feucht- fällt Regen

3

Ist die Luft kalt, fällt der
Niederschlag als Schnee.

Den Kreislauf des Wassers gedanklich aus einem Schaubild in Fotos übertragen;
dabei noch einmal über den Kreislauf reflektieren und die Ergebnisse in Texten festhalten

4

Teile des Niederschlages versickern im Boden/~~Grund-wasser~~ Grundwasser.

6

Das Wasser fließt.

2

Teile des Niederschlages fallen ins Meer, Fluss oder See.

5

Das Wasser verdunstet von Gegenstahnden oder Pflanzen

7

Im Meer kann das Wasser salzig sein, doch beim verdunzten bleibt das ~~Im Meer zurück.~~

8

Wenn sich die Luft abkühlt, verwandelt sich der Wasserdampf in winzige Wassertropfen

5

Mit Wasserdampf vermischte Luft steigt nach oben.

Den Kreislauf des Wassers gedanklich aus einem Schaubild in Fotos übertragen;
dabei noch einmal über den Kreislauf reflektieren und die Ergebnisse in Texten festhalten

Wasser als Lösungsmittel

1 Wasser wird im Haushalt häufig als Lösungsmittel verwendet.
Betrachte die einzelnen Bilder und fülle die Tabelle aus.

- Welcher Stoff wird im Wasser gelöst?
- Wozu wird die Lösung genutzt?

Wasser als Lösungsmittel

Bildnummer	Im Wasser gelöster Stoff	Verwendung der Lösung
1		
2		
3		
4		
5		
6		
7		
8		
9		
10		

★ Forsche nach, wo bei euch im Haushalt Wasser als Lösungsmittel genutzt wird.

Wasser als Lösungsmittel im Haushalt entdecken;
erkennen und notieren, welcher Stoff in Wasser gelöst ist
und wofür die Stoff-Wasser-Lösung verwendet wird

Wir experimentieren mit Feuer

Luft und Verbrennung

Welche Kerze brennt am längsten?

Ihr braucht:

Geht so vor:

Versuch 1

- Stellt jedes der drei Teelichte auf eine feuerfeste Unterlage.
- Zündet die Teelichte an.
- Stülpt über die Teelichte unterschiedlich große Gläser.
- Messt die Brenndauer der Teelichte.

Meine Vermutung: ______________________________

Meine Beobachtung: ______________________________

Versuch 2

- Führt den abgebildeten Versuch durch.
- Verwendet zwei gleich große Gläser.
- Messt die Brenndauer der Teelichte.

Meine Vermutung: ______________________________

Meine Beobachtung: ______________________________

Versuch 3

- Führt den abgebildeten Versuch durch.
- Verwendet zwei gleich große Gläser und unterschiedlich große Bauklötze.
- Messt die Brenndauer der Teelichte.

Meine Vermutung: ______________________________

Meine Beobachtung: ______________________________

Versuche zur Brenndauer von Kerzen in verschiedenen Versuchsaufbauten durchführen (Größe der Gläser bzw. Anzahl der Teelichte variiert …);
vorab eigene Vermutungen aufschreiben und anschließend die Beobachtungen notieren

Brennen und löschen

1 Ergänze den Merksatz.

Damit ein Feuer entstehen kann, müssen drei Bedingungen erfüllt sein:

Es muss ein Brennbarer Stoff vorhanden sein, zum Beispiel Holz.

Dieser muss auf eine ~~Sauerstoff~~ Temperatur erhitzt werden.

~~Hitze~~ Sauerstoff aus der Luft muss hinzukommen.

Will man ein Feuer löschen, muss man mindestens (drei) 1 Brandbedingung beseitigen.

2 Betrachte die Bilder. Notiere, wie das Feuer gelöscht werden kann. Begründe.

1

es kann mit Sand oder Wasser gelöscht werden.
Sauerstoff wird dem Feuer entzogen durch denn Sa…

2

mann muss einen Deckel drauf machen und dann denn Herd ausschalten

3

~~Wenn mann~~ Feuerwer -112 oder mit Wasser tod löschen

In einigen Bundesländern sind Rauchmelder in Wohnräumen vorgeschrieben. Begründet, warum diese Rauchmelderpflicht eingeführt wurde.

Den Merksatz ergänzen; für verschiedene Brände geeignete Löschmaßnahmen benennen und die Entscheidung begründen; versuchen zu begründen, warum Rauchmelder in Wohnräumen sinnvoll sind

Werkzeuge kennen und nutzen

Um Werkstoffe zu bearbeiten, benötigst du Werkzeuge als Hilfsmittel.
Bedenke bei der Auswahl des Werkzeugs immer: Wie funktioniert es?
Was kann ich damit machen? Wie gehe ich damit sachgerecht um?

1 Ordne den Werkzeugen die Namen zu. Trage die Ziffern in die Kästchen ein.

1 Feile 2 Hammer 3 Handbohrmaschine 4 Nagelbohrer 5 Raspel

6 Säge 7 Schraubstock 8 Schraubzwinge 9 Zange

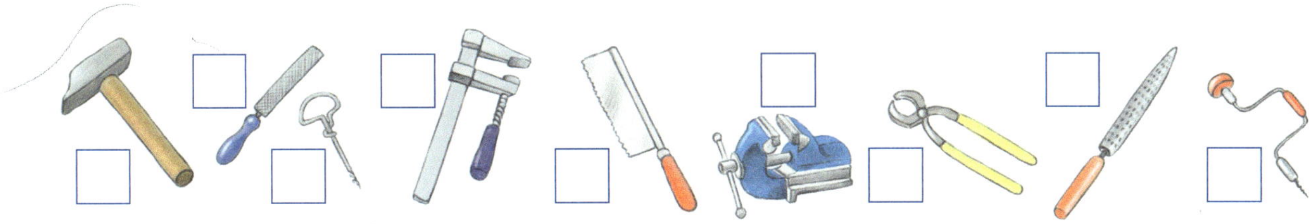

2 Beschreibe für ein Werkzeug, wofür man es nutzt und wie es funktioniert.

☐ ____

____

3 Lies die Bauanleitung für einen Pinguin aus Holz.
Zeichne die benutzten Werkzeuge in den Lückentext ein.

Für den Körper schneide ich mit der ☐ ein Brett auf 15 cm Länge und 9 cm Breite zu. Aus Holzresten baue ich Kopf, Flügel und Beine. Dafür spanne ich erst jedes Teil in den ☐ ein. Die Teile forme ich dann mit ☐, ☐ und Schleifpapier. Dann nagele ich mit dem ☐ alle Teile auf das Brett, den Pinguinkörper.

Krumm eingeschlagene Nägel kann ich mit der ☐ wieder herausziehen.

★ Entwerft und baut selbst Tierfiguren aus Holz. Schreibt Bauanleitungen dazu.

Sich in der Gruppe zum Merksatz austauschen;
Werkzeuge benennen und die Funktion von einem Werkzeug genauer beschreiben;
eine Bauanleitung lesen, die hierfür benötigten Werkzeuge zeichnen; *wahlweise:* selbst Bauanleitungen schreiben

S. 14, S. 15

Zahnradantrieb und Kettenantrieb

1 Zeichne die Drehrichtung der Zahnräder ein.

★ Baut mit Material aus einem Baukasten ein Zahnradgetriebe.

2 Untersuche, wie der Kettenantrieb an einem Fahrrad funktioniert.
Beschrifte das Schaubild und zeichne die Drehrichtung der Zahnräder ein.

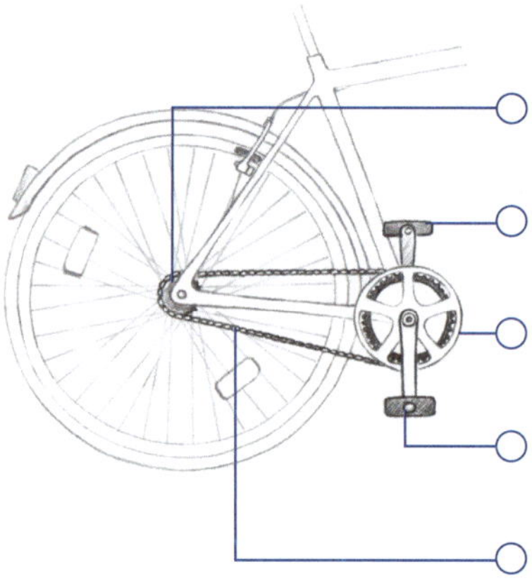

3 Erkläre, wie der Kettenantrieb am Fahrrad funktioniert. Nutze folgende Wörter:
großes Zahnrad kleines Zahnrad Kette Pedale Beinkraft des Radfahrers

4 Vergleiche einen Zahnradantrieb mit einem Kettenantrieb:

Was ist gleich? ______________________

Was ist unterschiedlich? ______________________

Drehrichtung von verschiedenen Zahnrädern kennzeichnen, ein Zahnradgetriebe bauen;
Kettenantrieb am Fahrrad untersuchen, das Schaubild beschriften und die Funktion beschreiben;
Zahnrad- und Kettenantrieb vergleichen

Informationen im Internet suchen

1 Suche im Internet nach Informationen, die du benötigst, um an dem Wettbewerb teilnehmen zu können.

Schritt 1:
Was will ich wissen?

___

___

Schritt 2:
Am Computer starte ich das Internetprogramm. Ich öffne die Kinder-Suchmaschine www.fragfinn.de.

Schritt 3:
Welche Suchwörter gebe ich ein?

___

___

Schritt 4:
Ich sehe mir die Suchergebnisse an. Ich wähle eine passende Internetseite aus, die mir beim Bau des Turms weiterhelfen kann.

Schritt 5:
Was habe ich über die Skelettbauweise und über den Bau meines Turms erfahren?

2 Schreibe und/oder zeichne Skizzen zum Schritt 5.

___

___

___

___

___

★ Veranstaltet den Turmbau-Wettbewerb auch in eurer Klasse.

Zu einem vorgegebenen Thema im Internet recherchieren, dabei die Schrittfolge dokumentieren; erworbenes Wissen zur Skelettbauweise in einem eigenen „Turmbau-Wettbewerb“ anwenden

S. 4, S. 5

Mein Tag mit Medien

1 Notiere Beispiele für Medien, die du nutzt.

Schulbücher, ______________________________

____

____

2 Wie lange nutzt du verschiedene Medien an einem Tag? Fülle die Tabelle aus.

Meine Mediennutzung am: ______________			
Medium	**Dauer**	**Medium**	**Dauer**
Schulbücher	min		min
Fernseher	min		min
	min		min
	min		min

3 Erstelle mit den Tabellenwerten ein Medien-Diagramm.

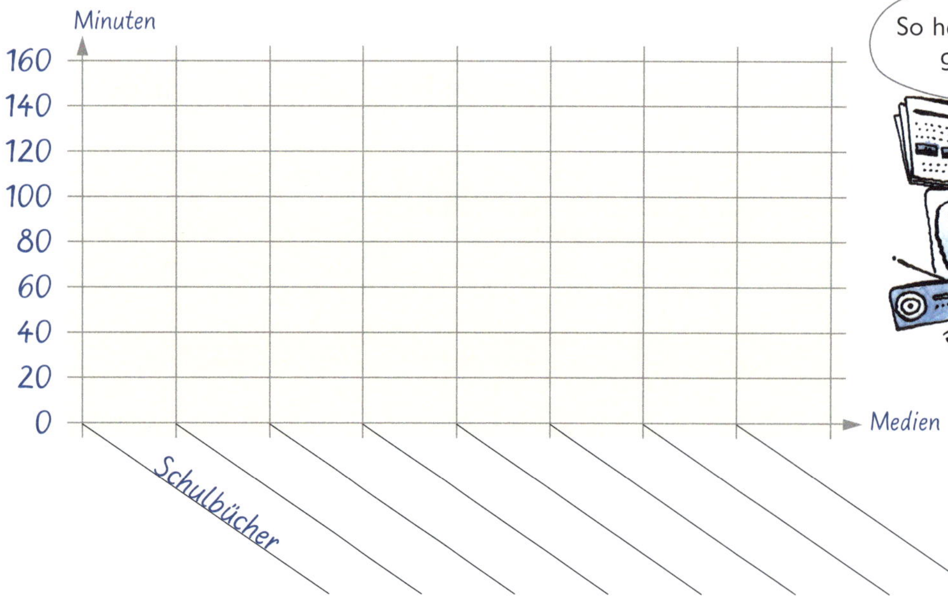

4 Vergleicht eure Ergebnisse. Welche Medien solltet ihr öfter/seltener nutzen?

Den eigenen Medienkonsum an einem Tag reflektieren (Medium und Dauer der Nutzung);
Ergebnisse in einer Tabelle/einem Diagramm festhalten;
Rückschlüsse zum eigenen Medienkonsum ziehen

S. 7

Wie sich Pflanzen verbreiten

Damit neue Bäume, Sträucher oder Kräuter wachsen können, müssen die Samen dieser Pflanzen an fruchtbare Orte gelangen. Dabei haben die Pflanzen viele Helfer: Menschen, Tiere, wie Vögel und Säugetiere, Wasser und Wind.

1 Ergänze mit Hilfe dieser Bilder, auf welchem Weg sich Samen verbreiten.

A

B

C

D

A: ____________ B: ____________ C: anhaften D: ____________

2 Wie verbreiten sich diese Pflanzen?
- Ordne die Buchstaben A, B, C, D zu.

☐ Linde

☐ Klette

☐ Holunder

☐ Weißdorn

☐ Vogelbeere

☐ Birke

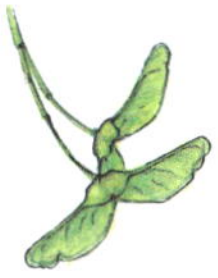
☐ Ahorn

☐ Sumpfdotterblume

☐ Löwenzahn

☐ Kletten-Labkraut

☐ gelbe Teichrose

- Vergleicht eure Ergebnisse und begründet eure Lösung.

3 Sammelt Früchte oder Samen in Klarsichttüten. Zeichne je ein Beispiel:

eine Frucht mit Samen, die der Wind verbreitet	eine Frucht mit Samen, die Vögel verbreiten	eine Frucht mit Samen, die an Tierfellen haftet

Erworbenes Wissen über die Verbreitung von Pflanzen wiederholen und anwenden und mit Partnern oder in Gruppen begründen; Früchte und Samen sammeln, zeichnen und den Weg ihrer Verbreitung aus ihren Merkmalen heraus ableiten

In der Hecke

In der Hecke können viele Pflanzen keimen, wachsen, blühen und Früchte bilden. Hier leben auch viele Tiere. Dort finden sie Nahrung, Schutz und Behausungen. Einige Tiere ernähren sich von den Pflanzen in der Hecke, manche Tiere fressen andere Tiere, die dort leben. Etliche Bewohner fressen Pflanzen und Tiere. Alle zusammen sind in einem Nahrungsnetz eng miteinander verbunden.

1 Stelle mit Pfeilen ein Nahrungsnetz von Pflanzen und Tieren dar: **Wer frisst was** oder **wen**?

Sich in der Gruppe zum Merksatz austauschen;
ein Schaubild gemeinsam betrachten und interpretieren;
Nahrungsnetze verdeutlichen

S. 2

Überlebenskünstler im Getreidefeld

1 Benenne die Pflanze und male sie aus.
Nutze für den Steckbrief das Internet
oder ein Bestimmungsbuch.

Pflanzensteckbrief	Name:
Lebensraum:	
Farbe der Blütenköpfchen:	
Blütezeit: *von* *bis*	
Stängel:	
Blattform:	
Wuchshöhe: *zwischen* *und* *cm*	

2 Suche eine Pflanze auf einem Feld.
- Presse die Pflanze und lege zu ihr ein Herbarblatt an.
- Vielleicht findest du zu der Pflanze noch etwas Seltsames, Spannendes, eine Geschichte, ein Gedicht oder ein Rätsel.
- Schreibe oder male auf ein Extrablatt.

★ Finde heraus, wie diese Pflanzen heißen.

Kenntnisse über die Gestaltung eines Steckbriefes anwenden; selbst zum Steckbrief recherchieren und die Ergebnisse dokumentieren; *wahlweise:* zu ausgewählten Feldpflanzen (in alphabetischer Reihenfolge: Ackerkratzdistel, Ackersenf, Klatschmohn, Margerite) ein Bestimmungsbuch gestalten

Gesucht wird …

… dieses Tier.

1 Informiere dich.
Vervollständige diese Seite.

Es ist erwachsen __________ cm groß, wiegt etwa __________ g

und hat ein ______________________________ Fell.

Unter der Erde gräbt es seinen ______________________________,

der durch weit verzweigte ____________________ verbunden ist.

Durch mehrere ____________________ gelangt es nach draußen.

Dort sucht es Nahrung: ______________________________

______________________________.

Jährlich bringt das Weibchen in einem N____________________ insgesamt

bis zu __________ Junge zur Welt.

Viele andere Tiere jagen es, zum Beispiel:

______________________________.

Das Tier heißt | _ | e | _ | _ | _ | _ | u | _ |

| _ | e | _ | d | _ | a | _ | _ | ►

| _ | e | _ | _ | l | _ | _ | c | h | _ | ►

◄ | F | _ | _ | d | _ | e | u | _ | _ | _ | r | e | _ | _ | e |

Lückentext durch Informationen aus eigener Recherche vervollständigen;
die durch Fotos abgebildeten Tiere mit Hilfe des Internets identifizieren

S. 4

Ausschneideseite

Seite 5

Seite 25

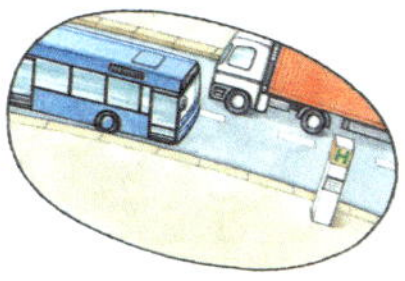

Seite 32 und 33

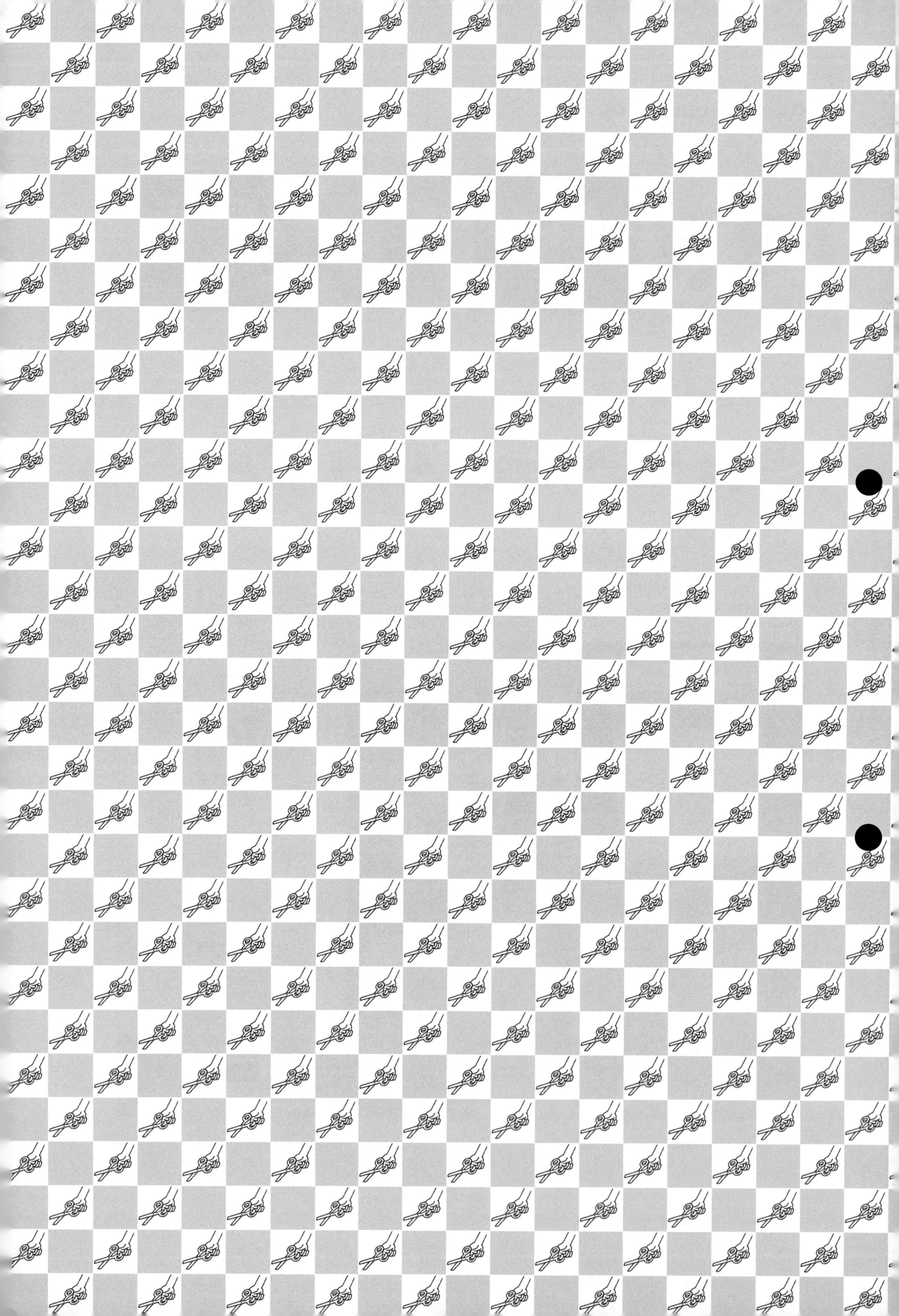

Unser Kreis – ein Memory

1 Schneide die Memory-Kärtchen aus.
Beschrifte sie und klebe Bildchen auf: aus Zeitungen, Prospekten …
Du kannst auch selbst kleine Bilder malen und aufkleben.

Name der Kreisstadt __________ __________	Klebe ein Bild von der Kreisstadt auf.	Name des Kreises __________ __________	Klebe einen Umriss des Kreises auf: Du kannst ihn von S.2 abzeichnen.
Nenne eine Landschaft im Kreis __________ __________	Klebe ein Bild von der Landschaft auf.	Wappen der Kreisstadt __________ __________	Klebe ein Bild des Wappens auf.
Nenne ein Gewässer im Kreis __________ __________	Klebe ein Bild des Gewässers auf.	Eine Sehenswürdigkeit im Kreis __________ __________	Klebe ein Bild der Sehenswürdigkeit auf.
Nenne ein eigenes Beispiel __________ __________	Klebe ein passendes Bild auf.	Ein Handwerks- oder Industriebetrieb __________ __________	Klebe ein Bild des Betriebes auf.

Bild- und Fotonachweis

5 Corel Library (l.); Fotolia.com/Unclesam (M.l.); Schmidt/Mauritius (M.r.); Fotolia Deutschland GmbH (r.); 10 argus/Schwarzbach (l.); ILO © 1996–2005, Genf/ C.Cabrera (r.); 12 Cornelsen Verlagsarchiv; 13 Gerhard Medoch, Berlin; 16 Reinhard, Heiligkreuzsteinach (l.o.); Steffen Weidinger, Berlin (l.u.); Jörg Lenuweit, Buchloe (l.M.); picture-alliance/dpa/epa/AFP/Brown (r.u.); Corel Library (M.u.); Peter Wirtz, Dormagen (r.o.); 37 Horst Theuerkauf, Gotha (o.); Blickwinkel/K.Wothe (u.); 39 Corel Library (o.); Stefan Wagner (u.); 40 Corel Library (o.); picture-alliance/dpa/Pfeiffer (u.); 41 Thomas Willemsen (o.); Corel Library (2.v.o., 3.v.u., 2.v.u., u.); Astrid Semmer, Berlin (3.v.o.); 44 Fotolia, Kevin Cable (o.); Stefan Wagner, Berlin (M., u.); 48 Cornelsen Verlagsarchiv; 51 Harald Lange NaturBild, Bad Lausick; 52 Harald Lange NaturBild, Bad Lausick (o., l.); WILDLIFE/Hamblin (u.r.); 53 WILDLIFE/D. Harms (1); Corel Library (2); Fotolia.com/HLPhoto (3); Wikipedia/GNU/H. Zell (4); Wikipedia/OTRS/Harald Wunderlich, Schwarzenberg (5); Henkel-Werksarchiv, Düsseldorf, aus: Friedrich Bohmert, Hauptsache sauber? (6, 10); Robert Bosch GmbH, Stuttgart bzw. München (7); Germanisches Nationalmuseum Nürnberg (8); akg-images, Berlin (9)

Wegweiser

2 laif, Köln/Bialobrzeski; 10 Karte: Peter Kast Ingenieurbüro für Kartographie, Wismar